Made in the USA
Las Vegas, NV
15 February 2021

17888482R00061